Agnès Roubille
Sigrid Maurel

AF716853

Französisch einfach richtig

Typische Fehler vermeiden

Hueber Verlag

Zeichnungen: Martin Guhl, Stein am Rhein, Schweiz

Vielen Dank an unsere KursteilnehmerInnen, deren *erreurs* zum Gelingen dieses Buches beigetragen haben.

Der Verlag weist ausdrücklich darauf hin, dass im Text enthaltene externe Links vom Verlag nur bis zum Zeitpunkt der Buchveröffentlichung eingesehen werden konnten. Auf spätere Veränderungen hat der Verlag keinerlei Einfluss. Eine Haftung des Verlags ist daher ausgeschlossen.

Das Werk und seine Teile sind urheberrechtlich geschützt. Jede Verwertung in anderen als den gesetzlich zugelassenen Fällen bedarf deshalb der vorherigen schriftlichen Einwilligung des Verlags.

Eingetragene Warenzeichen oder Marken sind Eigentum des jeweiligen Zeichen- bzw. Markeninhabers, auch dann, wenn diese nicht gekennzeichnet sind. Es ist jedoch zu beachten, dass weder das Vorhandensein noch das Fehlen derartiger Kennzeichnungen die Rechtslage hinsichtlich dieser gewerblichen Schutzrechte berührt.

3. 2. 1. | Die letzten Ziffern
2023 22 21 20 19 | bezeichnen Zahl und Jahr des Druckes.
Alle Drucke dieser Auflage können, da unverändert, nebeneinander benutzt werden.
1. Auflage
© 2019 Hueber Verlag GmbH & Co. KG, München, Deutschland
Ersetzt die ISBN 978–3–19–557918–6
Umschlaggestaltung: Sieveking · Agentur für Kommunikation, München
Cover, Rücktitel: © Getty Images Plus/iStock/max-kegfire
Layout und Satz: Sieveking · Agentur für Kommunikation, München
Konzeption: Valerio Vial, München
Verlagsredaktion: Helga Aichele, Jürgen Frank, Hueber Verlag, München
Druck und Bindung: Firmengruppe APPL, aprinta druck GmbH, Wemding
Printed in Germany
ISBN 978–3–19–117918–2

Art. 530_26500_001_01

Vorwort

Für wen ist dieses Buch?

Sie sprechen bereits Französisch, aber es schleichen sich immer wieder dieselben Fehler ein? Sie sind sich manchmal nicht sicher, ob Sie die richtige Zeitform oder das richtige Wort gewählt haben? Zwei Formen sind sich ähnlich und Sie wissen nicht, für welche Sie sich entscheiden sollen? Kurzum: Sie möchten Ihr Französisch verbessern und die typischen Fehler verlernen? Dann ist dieses Buch genau das Richtige für Sie.

Natürlich ist Fehler nicht gleich Fehler. Wenn manch ein *erreur* (Fehler) zum Französischlernen einfach dazugehört, kann bei einem *horreur* (etwa: entsetzlicher Fehler) von einer *bonne impression* gewiss nicht mehr die Rede sein!

Was Sie mit diesem Buch erreichen können

Mit diesem Übungsbuch können Sie gezielt Ihr Französisch von den lästigen *erreurs* befreien, zu denen deutschsprachige Lernende immer wieder neigen. *Französisch einfach richtig* bietet Ihnen 250 Übungen zu Grammatik, Wortschatz und Sprachgebrauch und ist bestens zum praktischen und schnellen Wiederholen und Üben geeignet.

Wie das Buch aufgebaut ist

Französisch einfach richtig besteht aus drei Teilen: *Sprechen und Schreiben, Wörter und Wendungen* sowie *Grammatik*. Im Inhaltsverzeichnis finden Sie hierzu detailliertere Informationen. Selbstverständlich enthält das Buch auch einen Lösungsschlüssel, mit dem Sie Ihre Arbeit kontrollieren und notfalls berichtigen können. Hier finden Sie auch ergänzende Erklärungen zu den typischen Fehlern – jeweils nach diesem Symbol ▶. Am Ende des Buches befindet sich außerdem ein alphabetisches Register, das ein schnelles Auffinden der behandelten Wörter und Themen ermöglicht.

Wie Sie mit dem Buch arbeiten können

Suchen Sie die Themen, die Sie gezielt üben möchten. Das Buch ist aber insgesamt so abwechslungsreich gestaltet, dass Sie es auch systematisch von Kapitel zu Kapitel bearbeiten können. Oder aber Sie schlagen das Buch einfach auf und machen nur die Übungen, die Sie interessieren. Folgen Sie dabei auch den Hinweisen in den Infoboxen, die Sie immer wieder auf zusammenhängende Themen in anderen Kapiteln aufmerksam machen.

Jedes Thema bietet Übungen unterschiedlichen Schwierigkeitsgrades (von Niveau A2 bis B2 des *Gemeinsamen Europäischen Referenzrahmens*). Das Symbol ⚡ direkt neben der Übungsziffer kennzeichnet Übungen für Lernende auf dem Niveau B1 bis B2. Möchten Sie einfacher beginnen, dann wählen Sie zunächst andere Übungen aus.

Aus Fehlern wird man klug!
Lassen Sie sich nicht entmutigen, wenn Sie eine Übung nicht auf Anhieb richtig lösen können. Es ist geradezu der Zweck mancher Übungen, Aha-Erlebnisse auszulösen und somit ein besseres Verständnis für die Strukturen der französischen Sprache zu ermöglichen. Am besten Sie wiederholen die Übung zu einem späteren Zeitpunkt und lernen einfach dazu – ganz nach dem Motto *Pas d'apprentissage sans erreur* (Aus Fehlern wird man klug).

Bon travail et amusez-vous bien !
Autorinnen und Verlag

Verwendete Abkürzungen:

qn = quelqu'un (jemand)
qc = quelque chose (etwas)
jmd. = jemand
etw. = etwas

m = maskulin (männlich)
f = feminin (weiblich)
fam. = umgangssprachlich

Inhaltsverzeichnis

Sprechen und Schreiben

1. Aussprache und Betonung

1.1 Gut gemeint, aber ...

Kleine und große Aussprachefallen

Wie ein ungeschliffener Diamant oder ein unvollkommenes Werk wirken Aussprachefehler auf Ihr Gegenüber. Solange man Sie trotzdem versteht, sind sie nicht so schlimm. Wer aber wollte sie nicht gern vermeiden? Dann lassen Sie uns den Diamanten schleifen und ihn zum Glitzern bringen.

1 Un café, s'il vous plait !

In welchen Wörtern wird das *c* wie [k] in „Kino" und in welchen wie [s] in „nass" gesprochen? In welchen Wörtern kommen beide Laute vor? Kreuzen Sie an.

	[k]	[s]
1. café	X	
2. chocolat		
3. croissant		
4. citron		
5. culture		
6. centre		
7. bicyclette		
8. sac		
9. accident		
10. garçon		

! Sie wollen es so richtig schwierig? Dann versuchen Sie sich doch an einem Zungenbrecher: *C'est combien ces six saucisses et ces six saucissons ? C'est six sous, ces six saucisses et ces six saucissons.*

2 Une girafe au garage

In welchen Wörtern wird das *g* wie [g] und in welchen wie [ʒ], also wie das *g* in „Genie" bzw. wie das *j* in „Journalist", gesprochen? Ordnen Sie folgende Wörter dem passenden Laut zu. In welchem Wort kommen beide Laute vor?

glace • garage • girafe • mangue • gymnastique • golf
voyageons • manger

[g]	*glace*				
[ʒ]					

3 Qui ? Quoi ? Comment ?

Richtig oder falsch? Beantworten Sie folgende Fragen zur französischen Aussprache.

	vrai	faux
1. Le *q* dans les mots français *qui, quelqu'un* se prononce comme dans les mots allemands „Quittung" ou „Quadrat".		*X*
2. Le *h* dans le mot français *haricot* ne se prononce pas, donc on fait la liaison au pluriel : *les‿haricots*.		
3. Le *v* dans le mot allemand „Vater" se prononce comme dans le mot français *vacances*.		
4. Le *w* dans le mot allemand „wieder" se prononce comme le *v* dans le mot français *vin*.		
5. Le *gn* dans le mot français *signal* se prononce comme le *gn* dans le mot allemand „Signal".		
6. Le *ng* dans le mot français *parking* se prononce de la même façon en français et en allemand.		

4 Pssssst

Wird das *s* in folgenden Wörtern stimmlos (wie im deutschen Wort „Kuss“) oder stimmhaft (wie im deutschen Wort „Sommer“) ausgesprochen?

symbole • désert • stop • transmettre • poison • salut
Tunisie • curiosité • descendre • dessert • réaliser • anniversaire

stimmlos					
stimmhaft					

❗ Berühren Sie im Zweifel Ihren Kehlkopf: Schwingen die Stimmbänder, dann sind die Konsonanten stimmhaft!

5 Zzzzzzz...

... Mücken bleiben draußen! Lassen Sie nur Wörter mit stimmlosem *s* (wie im deutschen Wort „Kuss“) ins Haus.

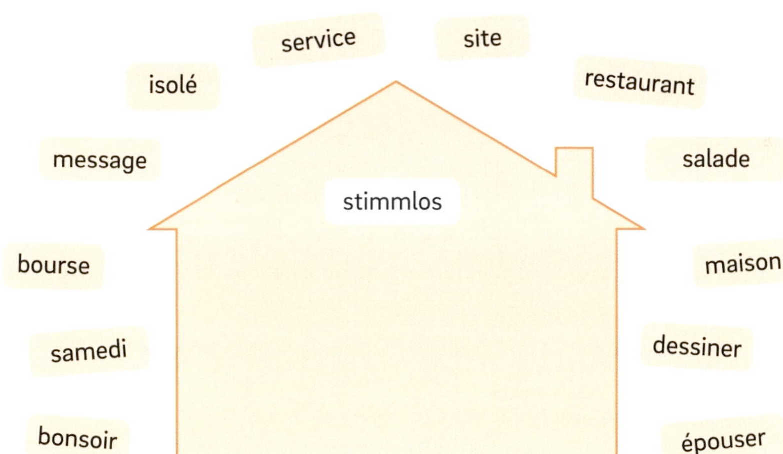

6 Tous

Wird das *s* von *tous* oder *plus* in folgenden Beispielen ausgesprochen? Kreuzen Sie an. Versuchen Sie anschließend, eine Regel zu formulieren.

	ja	nein
1. Le repas est prêt, venez tous !	●	●
2. Tous nos vœux[1] de bonheur aux jeunes mariés !	●	●
3. Les invités[2] sont arrivés tous au même moment, le stress total !	●	●
4. Je fais 20 minutes de marche tous les jours.	●	●
5. C'est le meilleur joueur de tous.	●	●

[1] vœu *m* = Wunsch
[2] invité *m* = Gast

7 Plus

Ergänzen Sie hinter *plus* ein [s], wenn das *s* stimmlos, ein [z], wenn es stimmhaft und [Ø], wenn es gar nicht gesprochen wird.

1. ◆ Je n'aime pas la foule.
   ● Moi non plus [ ] !
2. Le film le plus [ ] intéressant du festival a pour thème la crise migratoire[1].
3. ◆ Tu en veux plus [ ] ?
   ● Non merci, je n'ai plus [ ] faim, je vais exploser !
4. Je reviens dans une heure. À plus[2] [ ] !
5. Je veux dire plus [ ] exactement qu'on a besoin de plus [ ] d'argent pour terminer ce projet.
6. J'ai perdu plus [ ] de 10 kilos en un mois avec ce régime[3] !

[1] crise migratoire *f* = Flüchtlingskrise
[2] À plus (tard) ! = Bis später!
[3] régime *m* = Diät

8 Soixante-six saxophones

Das französische *x* wird sehr unterschiedlich ausgesprochen: [ks] wie in „Taxi“, stimmloses *s* [s] wie in „Kuss“, stimmhaftes *s* [z] wie in „Sommer“, [gs] wie in „tagsüber“ … und manchmal spricht man es gar nicht. Ordnen Sie folgende Wörter dem passenden Laut zu.

texte • six • six oranges • examen • deuxième • xylophone • soixante • saxophone • exercice • croix • boxe • voix • exhumer[1]

[ks] ______________________________

[s] ______________________________

[z] ______________________________

[gs] ______________________________

[Ø] ______________________________

[1] exhumer = exhumieren, ausgraben

9 Mille bouteilles

Unterstreichen Sie alle Wörter, in denen *ll* wie [j] ausgesprochen wird. Wie wird *ll* in den anderen Wörtern ausgesprochen?

10 Ooooh

Ergänzen Sie jeweils den Vokal *o*. Schreiben Sie ihn groß, wenn er offen wie in „toll" gesprochen wird, und klein, wenn man ihn geschlossen wie in „Boot" spricht.

1. r_o_se	6. gr___s
2. le reb_O_rd[1]	7. l'éc___le
3. nég___cier	8. la p___ste
4. la p___mme	9. acc___ster[2]
5. le numér___	10. le d___cteur

[1] rebord *m* = Rand
[2] accoster = ansprechen

11 J'ai fermé la fenêtre

In dieser Übung geht es um die Aussprache der drei *e*-Laute: geschlossenes *e* [e] wie in „See", unbetontes *e* [ə] wie in „singen" und offenes *e* [ɛ] wie in „Fest". Ordnen Sie folgende Wörter dem passenden Laut zu. Achtung, einige Wörter enthalten zwei verschiedene Laute!

le • les • lait • je • gagné • gagnais • viendrai • nez
fillette[1] • peigner • mais • être • fermons • marcher • et

[e] ____

[ə] ____

[ɛ] ____

[1] fillette *f* = Mädchen

12 Douce France

Wird das *e* in folgenden Wörtern ausgesprochen? Kreuzen Sie an.

	ja	nein
1. France	○	○
2. demain	○	○
3. mercredi	○	○
4. samedi	○	○
5. automne	○	○
6. artiste	○	○
7. amie	○	○
8. entretien	○	○
9. heureusement	○	○
10. menu	○	○

13 Les consonnes fantômes (Ø)

Lesen Sie die Sätze laut und streichen Sie die Konsonanten, die nicht ausgesprochen werden.

1. Tu peux lui passer un coup de téléphone ?
2. Zut ! J'ai acheté trop de persil.
3. En automne, les feuilles tombent.
4. Je prends le magret de canard, et toi ?
5. Il tient beaucoup à ses livres.

14 Sans façon

Welche Wörter enthalten den Laut [ɑ̃] wie in *croissant* und welche den Laut [ɔ̃] wie in *bonjour*? Kreuzen Sie an.

	[ɑ̃]	[ɔ̃]
1. comment		
2. le front		
3. sans		
4. combien		
5. le champagne		
6. blond		
7. le camembert		
8. compris		
9. l'enfant		
10. blanc		

15 Fin

Hier geht es um das „nasalierte i" [ɛ̃] wie im französischen Wort *teint*. Unterstreichen Sie die Nasale [ɛ̃] in den folgenden Wörtern. In welchen Wörtern wird *in* nicht nasal gesprochen?

combien • inutile • intéressant • timbre • ordinateur • parfum
sympathique • tartine • médecin • syntaxe • synonyme
impôt • faim

! Sie klingen alle ähnlich und im Deutschen gibt es sie nicht. Doch Nasale sind kein Grund zur Panik: Beim Üben hilft es, *a*, *o* oder *i* auszusprechen, während man sich die Nase zuhält. So kann man sich mit diesen merkwürdigen Lauten richtig vertraut machen. Und erinneren Sie sich noch an das Lied „Frankreich, Frankreich" von den Bläck Fööss (1985)? Genau, so geht's.

16 La liaison

Typisch für die französische Aussprache ist die sogenannte *liaison*: Dabei wird der an sich stumme letzte Konsonant eines Wortes ausgesprochen, wenn das nachfolgende Wort mit einem Vokal oder „stummem *h*" anfängt. Die beiden Wörter bilden dann eine phonetische Einheit. Und jetzt sind Sie dran!

Lesen Sie die Sätze laut und markieren Sie mit einem kleinen Bogen ‿ die Wörter, die beim Sprechen miteinander verbunden werden.

1. Bonjour, comment allez-vous ?
2. Je suis allemande et j'ai deux enfants.
3. Tu as de beaux yeux, tu sais !
4. Vous habitez en Allemagne ?
5. Où est Manon ? – Elle est à la fac.
6. Jean et Isabelle ont acheté une maison. Elle est très agréable.
7. Elle adore les haricots verts avec du beurre.
8. Les hôpitaux sont fermés aujourd'hui.
9. Quand a lieu le salon du chocolat ?
10. Demain, mes amis arrivent. Nous allons jouer au football.

1.2 So treffen Sie den richtigen Ton

Das gehört betont

Haben Sie ein musikalisches Gehör? Was fällt Ihnen auf, wenn Sie Französisch hören? Auch wenn Sie den Eindruck haben, dass alle Wörter miteinander verbunden sind, können Sie die betonte Silbe bestimmt heraushören. Ob Sie französischen Rhythmus im Blut haben, können Sie gleich anhand folgender Übungen überprüfen.

17 Un peu de musique

Wo liegt die betonte Silbe? Ordnen Sie den Wörtern das passende Betonungsmuster zu. Jede Note stellt eine Silbe dar.

1. bonjour
2. musicien
3. était
4. champignon
5. apéritif

a. 

b. 

c.

1	2	3	4	5

Können Sie eine Regel aus diesen Beispielen ableiten?

18 Au rythme de la phrase

Lesen Sie die Sätze und unterstreichen Sie die betonte Silbe.

1. J'apprends.
2. J'apprends le français.
3. J'apprends le français à l'université.
4. J'apprends le français à l'université de Munich.

Können Sie eine Regel aus diesen Beispielen ableiten?